APRENDENDO INGLÊS
O SEGREDO

COMO SE TORNAR FLUENTE

PAULO AMAZONAS

ubook

© 2020, Paulo Amazonas

Todos os direitos reservados. Nenhuma parte deste livro pode ser utilizada ou reproduzida sob quaisquer meios existentes sem autorização por escrito dos editores.

COPIDESQUE	Barbara Parente
ADAPTAÇÃO DE CAPA E PROJETO GRÁFICO	Bruno Santos
CAPA ORIGINAL	Vitor Costa

Dados Internacionais de Catalogação na Publicação (CIP)
(Câmara Brasileira do Livro, SP, Brasil)

Amazonas, Paulo
　　Aprendendo inglês : o segredo / Paulo Amazonas. -- 1. ed. -- Rio de Janeiro : Ubook Editora, 2020.

　　ISBN 978-65-87549-99-6

　　1. Inglês - Estudo e ensino I. Título.

20-43920　　　　　　　　　　　　　　　　　CDD-420.7

Ubook Editora S.A
Av. das Américas, 500, Bloco 12, Salas 303/304,
Barra da Tijuca, Rio de Janeiro/RJ.
Cep.: 22.640-100
Tel.: (21) 3570-8150

SUMÁRIO

INTRODUÇÃO 7
PREFÁCIO..9

1. O segredo..10
2. O segredo para aprender inglês.................................11
3. Trace sua meta..14
4. O lugar mais próspero do mundo...............................16
5. Distrações na caminhada..18
6. Pense positivo..20
7. O medo de falar inglês...22
8. Duas realidades diferentes.......................................24
9. Eu entendo tudo, mas não consigo falar 26
10. Esforçados x talentosos 28
11. O desejo ardente de aprender inglês........................30
12. Não subestime a máquina que está dentro de você.....32
13. Respire inglês 34
14. Eu terei sotaque?..36
15. Persistência é tudo 38
16. A teoria da escalada da montanha...........................40
17. Pessoas tóxicas 42
18. Tirando proveito das experiências negativas 44
19. Tirando proveito das situações positivas...................46

20. Aprender inglês para quê?...48
21. O melhor momento para aprender inglês 50
22. Tudo acontece quando você decide estudar inglês......................52
23. Inglês é um idioma fácil? 54
24. Aprender inglês sozinho ou fazer um curso?..............................56
25. Curso on-line ou presencial?...58
26. Mitos sobre o aprendizado do inglês...60
27. inglês ainda é o idioma do futuro? 62
28. sonho de viver fora do Brasil..64
29. Aplicando para o visto de estudante nos Estados Unidos 66

CONCLUSÃO..68
AGRADECIMENTOS..69
CONVERSANDO COM O AUTOR 70

INTRODUÇÃO

A ideia de escrever este livro surgiu de uma inspiração de Deus em um momento em que eu me encontrava escrevendo os livros didáticos de minha escola. A verdade é que quando senti em meu coração que eu teria que escrever os referidos textos, achei impossível, mas resolvi obedecer, pois tinha certeza de que Deus me capacitaria para esse propósito.

Logo após escrever os textos, mais uma vez senti que se transformariam em um livro. A verdade é que tais textos não refletem exatamente o conteúdo deste livro, pois têm uma essência mais motivacional, explicitando a capacidade de todo ser humano de aprender outro idioma, no caso o inglês, desde que tenham um desejo ardente dentro de si e uma grande dose de perseverança durante o aprendizado.

Durante os anos em que estive em sala de aula, ficou bem claro para mim que o que impedia as pessoas de aprender inglês era exatamente a falta de determinação, ou seja, apenas atingiam a fluência os alunos que desejavam muito isso e colocavam os estudos do novo idioma como prioridade em suas vidas.

Espero que gostem deste livro, tirem o máximo dele e atinjam a meta de dominar o inglês com as dicas aqui aprendidas. Assim, terei certeza da missão cumprida se ao menos uma pessoa tiver alcançado o seu objetivo, pois sei que o domínio de um segundo idioma pode mudar a vida das pessoas.

Desejo sucesso a todos os leitores e que um dia você possa fazer parte do seleto grupo de bilíngues no mundo. Só depende de você!

PREFÁCIO

Conheço o prof. Paulo Amazonas há bastantes anos.

Foi meu professor de inglês por algum tempo, bem como de outros advogados aqui do escritório. Caracteriza-se por ser uma pessoa focada no que faz e procura firmemente incentivar seus alunos ao aprendizado, estimulando-os a não esmorecer.

Sua mensagem, muito bem colocada no seu *Aprendendo inglês – O segredo*, corresponde ao caminho que ele sempre procurou mostrar e conduzir os seus alunos até atingirem o nível que lhes satisfaça.

Mas também deixou claro que esse nível depende, antes de mais nada, do próprio aluno. Ou seja, está intimamente ligado à postura e querer do aluno.

Pessoa de alta credibilidade, sempre voltado ao bem, seja de sua família como dos que o cercam, o prof. Paulo Amazonas indica em seu livro uma singela e profunda lição de vida: você quer? É possível? Então lute pelo objetivo e não desista!

Severino Silva, advogado e escritor

1. O SEGREDO

Por muito tempo, este segredo foi guardado por escolas de idiomas, trancado a sete chaves, as quais em sua grande maioria se preocupam apenas em manter a frequência de alunos durante o maior tempo possível pagando mensalidades exorbitantes e comprando seus caros materiais didáticos.

Portanto, este conteúdo foi criado com o simples intuito de despertar as pessoas para um único e definitivo caminho para o aprendizado não apenas do inglês, mas de qualquer idioma. Com a leitura deste livro, as pessoas passarão a ver o estudo do inglês sob uma nova ótica, fazendo cair por terra que toda a responsabilidade para o aprendizado de um novo idioma incide apenas sobre a escola, o material didático e o professor.

Leia com atenção, reflita e aplique os princípios abordados durante a sua trajetória de estudos, e com toda a certeza você alcançará o seu objetivo principal definido. Chegando lá, compartilhe este material e o faça chegar ao maior número de pessoas que já tentaram por diversas vezes aprender inglês e não tiveram sucesso ainda. Se conseguirmos mudar a vida de pelo menos uma pessoa com este livro, já terá valido a pena. Boa leitura e sucesso sempre!

2. O SEGREDO PARA APRENDER INGLÊS

"O aprendizado de um novo idioma é um projeto de vida."

Queridos leitores, sinto dizer que não há segredo algum. Sim, você deve estar em choque neste momento, pois comprou este livro com o intuito de descobrir um segredo que simplesmente não existe. Infelizmente essa é a mais pura verdade. A grande maioria das pessoas não alcança o objetivo de aprender inglês, porque facilmente desiste no meio do caminho. O mais lamentável é que muitas dessas pessoas possuem um potencial incrível para atingir a fluência nesse novo idioma, são verdadeiros talentos, mas não têm persistência.

Essa desistência se deve por diversos fatores: falta de motivação, de incentivo, de tempo, de dinheiro, seja pelo cansaço, por problemas familiares, por achar que não estão aprendendo ou que nunca irão aprender.

O fato é que os motivos acima mencionados são apenas desculpas que algumas pessoas buscam para justificar as próprias falhas, ou seja, alguém ou algo deve ser culpado por isso.

Na realidade, quando essas pessoas desistem, nem sequer pensam no motivo pelo qual se matricularam em uma escola de inglês. Se pararmos para pensar com mais calma, esta não é uma decisão inteligente, pois ela investiu dinheiro, gastou tempo, mas o objetivo principal não foi atingido. Bem, sobre o tempo perdido, esse não tem jeito, não volta nunca mais.

Pense que um dia, mais cedo ou mais tarde, esse projeto terá que ser retomado de alguma forma, e pior, desde o início novamente, pois com toda certeza a pessoa que desistiu terá se esquecido de grande parte do conteúdo que foi aprendido anteriormente. E você sabe por que ele deverá ser retomado? Porque um segundo idioma é imprescindível para quem deseja ter sucesso e mais oportunidades na vida. Além do mais, ele faz você ganhar respeito perante a sociedade e se diferenciar do restante da massa. E para quem vive no exterior, saber o idioma desse país já é uma questão de obrigação e respeito a ele.

Então, quantas vezes você ainda pretende começar este projeto de vida e depois desistir? Sim, porque o aprendizado de um segundo idioma é um projeto de vida, tendo em vista que ele muda a vida das pessoas para melhor.

Agora eu faço uma pergunta: quando você irá parar de culpar o professor, a escola e o método para justificar suas próprias falhas e limitações? Aceite que a responsabilidade é única e exclusivamente sua e de mais ninguém, você é o único responsável por todas as suas decisões.

O fato é que o inglês é uma língua relativamente fácil, bem menos complexa do que o nosso idioma materno, então tudo que você precisa para dominá-lo é ter persistência.

Primeiramente, você deve ter um desejo ardente de aprender o idioma, e aí está o início de tudo. Sem esse desejo, essa vontade, esse sentimento, não adianta nem começar, pois será perda de tempo e dinheiro. Entenda, não estou falando de gostar ou não do idioma, estou falando do anseio que você precisa ter neste processo de aprendizado. Esse desejo ardente deve vir de dentro de seu ser, e precisa ser renovado constantemente nesta caminhada.

Não adianta ter aquela vontade inicial e depois simplesmente deixar que ela esfrie. Como dizia o velho ditado: "Vontade é algo que dá e passa." É necessário colocar combustível constante nesse sentimento, já se imaginando falando inglês, conseguindo um bom emprego e interagindo com outras pessoas. Da mesma forma, é importante trazer à lembrança os constrangimentos sofridos e as oportunidades perdidas pela falta do inglês. Fazendo esse exercício, você manterá a chama da motivação acesa e dificilmente desistirá de seu projeto no meio do caminho.

O mais interessante é que diversos estudos constatam que, quando uma pessoa executa algo com uma certa frequência e por um tempo determinado, isso se torna praticamente um hábito. Apenas pense em atividades que somos obrigados a fazer diariamente, tais como escovar os dentes e tomar banho. Ninguém deixa de fazer essas coisas, certo? Já está no automático, e a pessoa nem percebe. Então por que não aplicar essa teoria também com o estudo do inglês?

Eu mesmo vivenciei e ainda vivencio isso em sala de aula com meus próprios alunos. Percebi que os que foram bem-sucedidos são aqueles que realmente colocaram o estudo do inglês como uma atividade obrigatória de seu dia a dia, parte de sua rotina, e observo que eles vêm ao curso com uma naturalidade incrível, assim como vão para os seus trabalhos.

3. TRACE SUA META

"Para ter sucesso, é imprescindível que você tire seu projeto do plano imaginário e dê vida a ele."

Traçar uma meta é um dos passos mais importantes para quem deseja aprender inglês, pois sem um planejamento, sem um objetivo, certamente não se chega a lugar nenhum. Já dizia o velho ditado: "Para quem não sabe aonde vai, qualquer caminho serve." Simples assim! Observo que esse é um problema em comum entre as pessoas que fracassaram em seus projetos e também em seus estudos.

Primeiramente, será necessário estabelecer uma meta. Em segundo lugar, você deve ter um plano de ação e, por fim, definir o tempo em que deseja alcançar esse objetivo.

Para ter sucesso é imprescindível que você tire o seu projeto do plano imaginário e dê vida a ele. Escreva-o em uma folha de papel, coloque-o em sua mesa de cabeceira e leia-o diariamente. Esse exercício fará toda a diferença durante o processo, mas falaremos mais tarde sobre isso.

Quando estudamos sobre casos de sucesso de grandes homens que mudaram o rumo da humanidade com suas invenções e criações, observamos que todos eles possuíam uma coisa em comum, ou seja, eles escreviam suas metas e as consultavam constantemente para não as esquecer e, sobretudo, para manter o foco. Sendo assim, faça isso, pois se funcionou para eles e outras pessoas, decerto funcionará para você também.

Então, vamos aos passos. Você decidiu aprender inglês. Essa é a sua tão sonhada meta, escreva-a em uma folha de papel. Trace um plano de ação, ou seja, de que forma você irá aprender este novo idioma. Por exemplo, se você estudará uma hora diária com videoaulas, se irá se matricular em uma escola ou curso on-line, ou se estudará através de um material didático, ou contratará um professor particular. Seja qual for o seu plano de ação, ele deve ser executado imediatamente, para que você não desmotive e desista de seu plano. É exatamente neste ponto que muitos projetos morrem antes mesmo de ganhar vida, justamente por causa da procrastinação das pessoas, sempre deixando para amanhã o que pode ser feito hoje, e assim os dias, os meses, os anos se passam e nada é realizado na vida.

Por fim, estabeleça o tempo em que deseja falar inglês fluente. Pode ser em um ano, dois anos, três anos, depende de você. Entenda que não existe meta sem prazo, tem que haver um período de realização com começo, meio e fim.

Você não pode ter o pensamento de que, quando chegar lá, chegou, haja vista que esse tipo de pensamento o levará certamente à desmotivação. Quem, por exemplo, quer sair para uma viagem sem saber quando vai chegar? Não é assim que as coisas funcionam! Na verdade, todo o planejamento feito inicialmente é que motiva a pessoa a continuar nos momentos mais difíceis, pois traz a lembrança de que ela tem uma meta e um motivo pelo qual tomou a decisão de aprender inglês.

Então, siga esses passos e com toda certeza você chegará lá. Eu mesmo cheguei a muitas coisas que fiz na vida e vi muitos amigos e alunos chegarem, pelo simples fato de terem traçado seus objetivos e seguido adiante com garra até a gloriosa linha de chegada. Se eles conseguiram, por que você não pode conseguir? Em que essas pessoas são melhores que você? Em nada! Apenas tiveram foco.

4. O LUGAR MAIS PRÓSPERO DO MUNDO

"Você é capaz de qualquer coisa, tudo que precisa é ter confiança
e acreditar que é possível."

Você já ouviu falar do lugar mais próspero do mundo? Nunca ouviu? Ele se chama cemitério. Esse é o lugar onde muitos sonhos são enterrados junto com as pessoas que não ousaram colocá-los em ação através dos dons concedidos por Deus. Saiba que Deus não criou um ser humano sequer na face da Terra que não possuísse um dom. Não importa qual ele seja, pode ser algo como cozinhar muito bem, construir casas, ensinar, cantar, limpar bem um carro, cortar cabelo etc.

Pense que nossos sonhos e projetos podem ser trazidos à vida apenas por nós mesmos, através de nossos dons, de maneira única. Pense em tudo que já foi criado pelo homem até hoje, como carros, móveis, internet etc. Tudo que hoje podemos usufruir na Terra foi criado por alguém. As ideias que eles tornaram realidade estavam apenas em suas mentes.

Deus nos deu um cérebro e este é mais poderoso do que você pode imaginar. Sendo assim, use-o. Reflita sobre isso e coloque em prática todos os seus projetos esquecidos na gaveta o quanto antes para que eles não morram com você um dia. Imagine se Bill Gates, Steve Jobs, Henry Ford não tivessem ousado e executado seus planos. Hoje não teríamos suas invenções e novas tecnologias, que mudaram o rumo da humanidade e melhoraram infinitamente nossas vidas.

Então, aja agora mesmo, não espere mais um segundo e traga à vida os seus sonhos e faça do mundo um lugar melhor para se viver. No que se refere ao aprendizado do idioma, pense o seguinte: se a nossa mente é capaz de realizar tantas coisas incríveis e grandiosas, por que não aprenderia um idioma simples como o inglês? Você é capaz de qualquer coisa, tudo que precisa é ter confiança e acreditar que é possível, e seguir em frente com foco e determinação em seu objetivo. Assim, você certamente lançará a sua vida a um novo patamar.

5. DISTRAÇÕES NA CAMINHADA

"As distrações o testarão e aparecerão a todo momento fazendo com que você desista de seu projeto."

Este é um dos pontos mais importantes na caminhada do aprendizado do inglês, tendo em vista que as distrações são as maiores inimigas dos estudantes e estão por toda parte. Você deve estar se perguntando neste momento: o que são distrações, como posso identificá-las e como fazer para evitá-las?

A resposta é muito fácil. Elas são todas as coisas que atrapalham o seu aprendizado e que tiram você do foco. Simples assim. As distrações o testarão e aparecerão a todo o momento fazendo com que desista de seu projeto. O mais triste é que muitas vezes elas vencem. Imagine que seu projeto seja um túnel e você está dirigindo nele. Você não deve olhar para os lados nem pelo retrovisor, senão corre sério risco de bater e ficar no meio do caminho. Sendo assim, tudo que deve fazer é manter o foco no objetivo, com visão de túnel sempre, e certamente você terá êxito.

Outra questão importante a que deve estar atento são as pessoas, pois elas também servem como distrações. Não se surpreenda se entre elas estiverem seus amigos e parentes, os quais tentam desanimá-lo e convencê-lo o tempo todo a fazer outras coisas e deixar seu projeto de lado. Quando temos um objetivo na vida, acabamos de certa forma incomodando as pessoas que não têm, pois quando conquistamos algo na vida provamos a incompetência delas. Lembra-se daquele ditado, "As pessoas querem te ver bem, mas nunca melhores do que elas"? Esse ditado infelizmente tem um fundo de verdade. Certo de que não podemos generalizar, são poucas as pessoas que ficam felizes com o sucesso dos outros.

Uma boa estratégia para não deixar pessoas tirarem o seu foco é não espalhar para os quatro cantos que você está estudando inglês, fazendo isto ou aquilo. Fique em silêncio, deixe que seu sucesso futuramente faça barulho por você.

6. PENSE POSITIVO

"Você e sua vida são resultado de seus pensamentos
e atitudes constantes."

Tenho percebido o negativismo de muitos alunos em sala de aula, uma vez que já chegam dizendo que nunca irão aprender inglês, que é um idioma muito difícil, que é impossível aprender depois de velho, que para aprender inglês é preciso morar fora, ter nascido nos Estados Unidos etc. Desculpas e mais desculpas...

Se você realmente acha que nunca vai aprender inglês, que está velho demais, que é muito difícil, com toda certeza estará certo. No entanto, se pensar que é possível aprender inglês, posso afirmar que também está certo. Você é o que pensa que é. Simples assim!

Você e sua vida são resultado de seus pensamentos e atitudes constantes. Então, por que não adotar uma postura mais positiva a partir de agora e pensar que é capaz de qualquer coisa que você realmente deseja, inclusive aprender um novo idioma? Não seria mais fácil assim? Começar um projeto como aprender inglês, com uma mentalidade mais otimista, positiva, vencedora, de campeão, de alguém que não desiste das coisas tão facilmente e termina tudo que começa.

Esta é a grande diferença entre pessoas que conseguiram dominar a língua inglesa e as que começaram vários cursos, mas nunca finalizaram um. Ou, em alguns casos ainda piores, aqueles que nunca tiveram coragem e disposição para começar um. Estão sempre aguardando um melhor momento para iniciar um curso, um projeto, e os anos vão se passando. A verdade é que o melhor momento nunca existirá, ou você o cria ou nunca realizará nada substancial em sua vida. Então, vamos lá, a hora é agora.

Eu digo com toda certeza que é possível aprender a falar inglês. Basta desejar isso, colocar energia nisso e tomar uma simples decisão: a de aprender!

7. O MEDO DE FALAR INGLÊS

"Para atingir a tão sonhada fluência, é só uma questão de tempo, perseverança e consistência."

Medo de quê? Medo de um idioma que é infinitamente mais fácil e mais prático do que o nosso? Acorde! Não há o que temer. Enfrente esse desafio e você verá com seus próprios olhos que o inglês não é, nunca foi e nunca será um bicho de sete cabeças.

É normal termos medo do desconhecido, medo do que nunca experimentamos antes, mas posso te assegurar que as melhores coisas da vida estão do outro lado do medo, inclusive falar inglês fluente. Então tudo que você precisa fazer é enfrentá-lo para ver seus sonhos realizados.

De fato, para todo ser humano, sair da zona de conforto é algo que desperta medo, mas é necessário que vença esse obstáculo que está dentro de você. Avance para o seu alvo sem olhar para trás, sem escutar as vozes negativas de pessoas que fracassaram e daquelas que não querem que você consiga alcançar seus objetivos, pois sua conquista trará luz à incompetência delas. Você não tem que ouvir essas pessoas. Se precisa escutar alguém, escute as pessoas que chegaram lá e aprenderam a falar inglês.

Agora pare para pensar em quantos desafios você já venceu em sua vida até chegar aqui. Tenho certeza de que muitos deles foram bem maiores do que aprender um novo idioma. Posso garantir que, se você já está estudando inglês há algum tempo ou se já terminou um curso, tem um bom vocabulário e conhecimento de boa parte da gramática inglesa, você está apto a falar. Tudo que precisa é abrir a boca e tentar se expressar de alguma forma, gaguejando, parando para pensar, traduzindo, pagando mico, não importa, mas tem que sair algo, exatamente como uma criança que está aprendendo a falar.

Esse é um processo que todos inevitavelmente, mais dia, menos dia, terão que passar, pois não haverá um momento em que do nada você acordará e começará a falar inglês fluentemente. Tenha em mente que ninguém poderá fazer isso em seu lugar, portanto terá que fazer sozinho. Vença esse medo e você seguramente conseguirá se comunicar em inglês e com bastante esforço atingirá a tão sonhada fluência. É só uma questão de tempo, perseverança e consistência.

Isso explica porque muitos brasileiros que moram há anos nos Estados Unidos, e nunca estudaram inglês, falam fluentemente a língua. Essas pessoas aprenderam de ouvido, decifraram o idioma e não tiveram medo, nem vergonha de se expressar. Enquanto outras estudaram por vários anos e não conseguem sequer se apresentar para um nativo da língua. Falar inglês é uma questão de atitude!

É importante ressaltar que, para as pessoas que nunca estudaram inglês e aprenderam a falar, é ainda mais difícil, uma vez que muitos sequer sabem como escrever algumas palavras e não dominam as regras gramaticais.

Sendo assim, pergunto mais uma vez: se elas conseguiram sem terem estudado inglês, por que você não conseguiria estudando e se dedicando aos seus estudos?

8. DUAS REALIDADES DIFERENTES

"Sem o inglês nesta Terra, será muito difícil que as portas se abram para novas oportunidades."

Brasil x Estados Unidos

Prezados leitores, precisamos ter em mente que aprender inglês nos Estados Unidos ou aprender no Brasil são duas realidades totalmente distintas. Pelo lado positivo, quando estudamos nos Estados Unidos, estamos em um ambiente completamente favorável ao aprendizado do novo idioma, ficamos expostos a uma grande gama de informações diariamente. Aprendemos observando placas, conversando ou ouvindo um nativo da língua falar, escutando músicas, assistindo a filmes e programas de notícias e até mesmo fazendo compras.

Por outro lado, a carga de trabalho pesada e excessiva de homens e mulheres imigrantes nos Estados Unidos, que costumam trabalhar em construções e limpezas de residências, acaba tirando grande parte da motivação dessas pessoas para seguir com seus estudos após o expediente de trabalho ou nos fins de semana, levando-os com muita frequência a desistir do curso antes de sua conclusão, e em outros casos até de aprender inglês, pois se acomodam em suas comunidades onde não é necessário falar o idioma.

Reconheço que não é tarefa fácil, após uma dura jornada de trabalho, ter disposição para ir à escola. No entanto, é imprescindível que o aluno busque motivação dentro de seu ser para superar tais dificuldades. Pense no seguinte: sem inglês nesta Terra, será muito difícil que as portas se abram para novas oportunidades, então sejam corajosos e perseverantes.

Além disso, este é o idioma do país que escolhemos para viver, sendo inadmissível que não tenhamos o interesse de aprendê-lo. Busque a motivação por todos os constrangimentos que você passou e também pelas oportunidades que perdeu. Tenha certeza de que no final desta caminhada, quando você chegar ao seu objetivo, se sentirá um verdadeiro vencedor, pois com todas as dificuldades que passou, você as superou e venceu a batalha. Este é um sentimento que não tem preço e muito poucos o experimentam.

Em relação aos estudantes no Brasil, acredito que é necessário ter ainda muito mais força de vontade de aprender inglês, pois as possibilidades de praticar o conhecimento adquirido em sala de aula em seu cotidiano são bem poucas. Sendo assim, o estudante precisará manter o foco para não desistir no meio do caminho, bem como tirar o máximo de proveito possível em suas aulas.

A boa notícia é que, com o advento da internet e das novas tecnologias, temos um sem número de possibilidades para praticar o inglês on-line com aplicativos, fóruns de estudos, Skype, cursos on-line, dentre outros. Então, meus queridos, aproveitem sem moderação todas elas!

Ainda me lembro de que nos velhos tempos, como professor no Brasil, lecionava aulas extras com filmes americanos, colocando fita isolante na tela para que meus alunos não lessem as legendas em português. Também os incentivava a se corresponderem em inglês por carta como forma de praticar o idioma. Mas graças a Deus, esses tempos se foram para nunca mais voltar.

Por fim, esteja onde estiver, o mais importante é que tenha um plano de estudo e um objetivo claro e siga em frente. Sejam quais forem os obstáculos, tenha uma visão de túnel e não deixe que as distrações o tirem da rota. Lembre-se: "Aprender inglês é fácil, difícil é a caminhada do aprendizado." Tenha foco e determinação!

9. EU ENTENDO TUDO, MAS NÃO CONSIGO FALAR

"Não se preocupe se vai falar correto, simplesmente se
esforce para se expressar."

É muito comum ouvir as pessoas falarem: "Eu entendo tudo, mas não
consigo falar." Todavia, isso não é motivo para entrar em pânico. É mais
normal do que imagina. Entender o que as pessoas falam é a primeira etapa
nesse processo de aprendizado de um novo idioma. Pense no aprendizado
de uma criança: ela primeiramente começa a entender para então começar
a falar as primeiras palavras. Ainda assim, ela começa falando errado, para
então gradativamente ir melhorando a sua fala.

Se esse for o seu caso, em vez de se sentir frustrado, sinta-se orgulhoso,
pois você está no caminho certo. Se você já consegue entender bem o
inglês, é porque já deve possuir um conteúdo razoável de vocabulários
e expressões. É também um sinal de que você já está colhendo frutos de
sua dedicação nos estudos do novo idioma até então ou já esteve bastante
exposto ao idioma em contato com nativos. Entretanto, caso se encontre
nessa situação, precisará de uma dedicação extra para começar a falar as

primeiras frases em inglês a fim de atingir a tão sonhada fluência. Neste ponto, para que possa desenvolver sua fala, terá que abrir sua boca e tentar falar de alguma forma, vencendo não apenas o medo, mas principalmente a vergonha. Vamos lá! Você já possui conteúdo suficiente para quebrar essa barreira. Não se preocupe se não vai falar corretamente, apenas se esforce para se expressar. Lembre-se de que só você pode fazer isso, ninguém poderá falar por você. Você terá que começar como uma criança, falando devagar, cometendo erros, pagando mico, mas em algum momento conseguirá falar com alguma confiança. Se conseguir quebrar as barreiras do medo e da vergonha e abrir a boca, garanto que se sentirá mais confiante e atingirá seu objetivo. Tudo que você precisa é dar o primeiro passo.

Para os que ainda não estejam vivendo em um país de língua inglesa, não há desculpas para não praticar seu inglês, tendo em vista que existem inúmeras formas de fazer contatos com estrangeiros através das mídias sociais, além de aulas de conversação disponíveis on-line. Então vamos: mova-se em direção ao seu objetivo e pare apenas quando chegar lá. Come on!

10. ESFORÇADOS X TALENTOSOS

"Se você não se esforçar, não levar a sério e não tiver força de vontade, não chegará a lugar algum."

Esse é um tema bastante interessante e que pude constatar dentro de sala de aula nos mais de vinte anos lecionando inglês no Brasil e nos Estados Unidos. Durante esse período tive a oportunidade de ter todos os tipos imagináveis de alunos, todavia, os alunos esforçados e os talentosos foram os que mais me chamaram atenção neste ofício. Os alunos talentosos, com um potencial incrível para o aprendizado do novo idioma, boa pronúncia, aprendiam com rapidez, e tudo que precisavam era apenas um pouco de disciplina com uma dose de perseverança e pronto, em pouco tempo estariam fluentes. No entanto, o que ocorria era que algumas dessas pessoas simplesmente desperdiçavam o seu talento pela falta de foco e perseverança, e não atingiam seu objetivo.

Por outro lado, encontrei muitos alunos com uma enorme dificuldade de aprendizado e em alguns casos com pouco conhecimento da língua portuguesa, mas possuíam um ingrediente importante, que é a persistência e uma força de vontade fora do comum de aprender inglês. Nesse último caso, essas pessoas conseguiram alcançar sua meta, pelo simples fato de não terem desistido no meio do caminho, e substituíram o talento nato que não possuíam pela garra, pela vontade, pela energia e pelo desejo ardente de dominar a nova língua.

Sendo assim, não importa o quanto saiba português ou tenha avançado em seus estudos, se você não se esforçar, não levar a sério e não tiver força de vontade, não chegará a lugar algum, não apenas no inglês, mas em tudo na vida.

11. O DESEJO ARDENTE DE APRENDER INGLÊS

"Entenda que ninguém aprende um idioma sem querer ou por acaso."

Quando falo tanto sobre o desejo ardente para o aprendizado do inglês, é porque ele é imprescindível para que você tenha sucesso nos seus estudos. Na verdade, não é apenas um desejo, mas um desejo ardente, uma vibração, um desejo que chega a ser incontrolável, que chega quase a uma emoção dentro de você. Um desejo que nunca cessa até que você domine o idioma.

Algumas pessoas devem se perguntar por que ela teria um desejo ardente para aprender um novo idioma. A resposta é fácil. Basta pensar no que essa nova língua trará de benefícios a sua vida, talvez o emprego dos seus sonhos, talvez conseguir se comunicar em suas viagens em qualquer parte do planeta ou até mesmo para ganhar respeito, liberdade e não precisar de ninguém para se comunicar por você, como é o caso de muitos brasileiros que moram nos Estados Unidos.

A verdade é que tudo que desejamos ardentemente de fato conseguimos em nossas vidas. Esse é um traço em comum de todos os homens e mulheres de sucesso. É indispensável que nada e ninguém tire a sua motivação para aprender o idioma. Quando se sentir fraco e com vontade de desistir, leia novamente este livro para buscar motivação e lembrar o motivo pelo qual você tomou a decisão de aprender inglês. Pense sempre nas pessoas que já falam inglês e reflita desta forma: se ela conseguiu, eu posso conseguir também? Diga para si mesmo(a): eu sou capaz! E siga em frente. Tenha sempre em mente a visão de túnel. Quando entra em um túnel, você simplesmente busca o final dele, não olha para os lados nem pelo retrovisor. Tenha essa mentalidade também em seus estudos. Pense em como será bom quando estiver se comunicando em inglês, pois as oportunidades surgirão, os constrangimentos desaparecerão e você ganhará respeito. Sim, respeito. Você será admirado e visto de outra forma, seja no Brasil ou em qualquer lugar do mundo.

Uma coisa é certa: se não tiver esse desejo ardente ou sequer tentar buscá-lo, você não conseguirá atingir esse objetivo e fatalmente estará no caminho dos que fracassam.

Entenda que ninguém aprende um novo idioma sem querer ou por acaso. A pessoa deve primeiramente querer, desejar isso e se dedicar com afinco, e será apenas uma questão de tempo até conseguir falar inglês fluentemente. Como já disse, escreva seu objetivo em uma folha de papel, fixe-o em algum lugar e leia-o todos os dias, pois as atribulações do dia a dia certamente tentarão tirar o seu foco. Lembre-se: "Se você quer, você pode!"

12. NÃO SUBESTIME A MÁQUINA QUE ESTÁ DENTRO DE VOCÊ

"Nosso cérebro é a máquina mais poderosa do mundo e jamais podemos subestimá-la."

O nome dessa máquina superpoderosa se chama cérebro e não podemos em hipótese alguma subestimá-la. Lembre-se de que todas as invenções que revolucionaram a humanidade foram criadas por ele através do homem. Se hoje possuímos tecnologias que facilitam nossas vidas no dia a dia, devemos a essa máquina que foi capaz de, inclusive, levar o homem à Lua.

Então, por que duvidamos às vezes de que não conseguiremos aprender um simples idioma? Pensando dessa forma, aprender inglês se torna uma tarefa fácil e que depende apenas de nós, de nossa persistência, paciência e perseverança.

Existem estudos que dizem que cada parte de nosso cérebro é responsável por uma habilidade específica nossa, inclusive pelo aprendizado de novos idiomas. Sendo assim, tudo de que precisamos é alimentá-lo com informações, tais como verbos, vocábulos e expressões, e o restante ele fará por si só.

Tenha isso em mente, e não achará tão árduo o caminho para o aprendizado do inglês, uma vez que, se nossa máquina foi capaz de criar tantas maravilhas que usufruímos até hoje, a tarefa de dominar o inglês será fichinha.

Apenas acredite, faça a sua parte, siga em frente e você certamente se surpreenderá com o resultado no final desta jornada.

13. RESPIRE INGLÊS

"Se você decidiu aprender inglês, é necessário que você pense
e respire isso 24 horas por dia."

Costumo falar para os meus alunos que tudo que nos propormos a fazer
em nossas vidas, precisamos nos jogar de cabeça. Para aprender um novo
idioma, não será diferente. Precisamos viver, sentir e respirar isso, pois se
fizermos algo sem paixão, apenas por fazer, simplesmente em pouco tempo
perderemos o interesse e desistiremos no meio do caminho.

Se você decidiu aprender inglês, é necessário pensar e respirar isso 24
horas por dia. Isto é, tente associar o inglês a tudo que está ao seu redor. Em
tudo que for fazer, pense em como seria aquela situação em inglês. Assista
a filmes, notícias e escute músicas buscando aprender mais vocabulários e
expressões e, principalmente, a pronúncia das palavras.

É necessário que o novo idioma se torne algo natural para você, e nada
melhor do que trazer essa nova realidade para o seu dia a dia. Seguindo essas
dicas, não há como dar errado. Para os brasileiros que moram nos Estados
Unidos ainda se torna mais fácil, haja vista que o estudante se encontra

em um ambiente totalmente favorável ao aprendizado do inglês. Mas que fique claro que, se não houver interesse, determinação e esforço, nada disso adiantará. Mais adiante, daremos algumas dicas para potencializar o seu aprendizado. Fique ligado!

14. EU TEREI SOTAQUE?

"A questão do sotaque deveria ser uma das menores preocupações dos estudantes de inglês."

Se você não nasceu nos Estados Unidos ou não veio bem pequeno para cá, com toda certeza você terá sotaque em algum nível. Alguns mais, outros menos, mas, por mais que a pessoa saiba bem inglês, em algum momento ela escorregará na pronúncia de alguma palavra.

Nós, brasileiros, somos um povo privilegiado, uma vez que nos adaptamos muito bem ao inglês, talvez por nossa proximidade com a cultura americana, pois crescemos assistindo a filmes americanos e usufruímos da gastronomia *junk food*. Vivendo nos Estados Unidos, observo que nem todos os povos conseguem pronunciar tão bem as palavras em inglês quanto nós, brasileiros. Existem pessoas de outras nacionalidades que, não importa o quanto estudem ou vivam nos Estados Unidos, possuem um forte sotaque e que quase nunca é perdido. Quem vive aqui sabe exatamente do que estou falando. (Risos.)

A realidade é que a questão do sotaque deveria ser uma das menores preocupações dos estudantes de inglês, tendo em vista que a maior importância deve ser dada à expressão do inglês de forma gramaticalmente correta e bem pronunciada. Ademais, não temos a menor obrigação de ter ou não sotaque, pois não nascemos nos Estados Unidos. O inglês é apenas o nosso segundo idioma.

Os Estados Unidos são um país de imigrantes e não é raro ver pessoas falando por aqui com sotaque, e às vezes até de forma errada, então a vergonha de falar também não deve ser um fator impeditivo para se comunicar.

Pelo fato de a língua inglesa ser considerada o idioma universal em que todos os povos se comunicam entre si, precisamos ter em mente que nosso foco deve estar na comunicação, isto sim é importante, conseguir se expressar e ser compreendido o suficiente para resolver as questões importantes, fazer negócios etc.

Não temos obrigação nenhuma de falar sem sotaque, como os nativos da língua. E se algum dia um deles tirar sarro de você por conta disso, lembre a ele que você já sabe o seu próprio idioma, que a propósito é um dos mais difíceis do mundo, e que agora está aprendendo o dele. Isso o fará ficar extremamente envergonhado, pois raramente um cidadão dos Estados Unidos domina um segundo idioma.

A bem da verdade, grande parte dos americanos respeitam e admiram o imigrante que se esforça para aprender o idioma deles, e não são raras as vezes que eles ajudam essas pessoas a se comunicarem, inclusive os elogiando e os incentivando, reconhecendo de certa forma o esforço dessa brava gente que teve coragem de sair de seus países em busca de uma vida melhor para sua família.

15. PERSISTÊNCIA É TUDO

"A única coisa que poderá tirar você da rota de aprender inglês
é desistir no meio do curso."

Sempre digo aos meus alunos: "A única coisa que poderá tirar você da rota de aprender inglês é desistindo no meio do curso". E essa é a mais pura verdade. Grande parte das pessoas nunca termina um curso e ainda se pergunta por que nunca aprendeu inglês após anos de paradas e recomeços em diversas escolas de idiomas.

Seja estudando sozinho, seja estudando em um curso on-line, com um professor particular ou em uma escola de idiomas, tudo que o estudante precisa é ter persistência. Mas o que é persistência? Segundo o dicionário Aurélio, persistência é: "Ato de persistir, qualidade de persistente, perseverança, constância, firmeza." As pessoas não persistem, não têm perseverança, não possuem constância, firmeza nem disciplina nos estudos, e ainda esperam atingir a fluência no idioma, mas não conseguirão. Não existe vitória sem luta, não há atalho e nem mágica nesse processo. Pensem nisso!

Não importa qual é a velocidade que empregará no seu projeto para aprender inglês, o que importa é que você não pare durante essa caminhada. Algumas pessoas começam cheias de gás, se matriculam em uma escola, compram livros, e depois de alguns poucos meses desistem, outras pagam caríssimo por um curso e nem sequer vêm ao primeiro dia de aula, elas estão simplesmente jogando dinheiro fora.

Essa velocidade a que me refiro apenas definirá quando exatamente você atingirá a sua meta. Caso corra com os seus estudos, dedicando-se ao máximo, assistindo a filmes, escutando músicas e se comunicando com nativos da língua, certamente aprenderá bem mais rápido o idioma. Mas você também pode simplesmente fazer seu curso com calma, "devagar e sempre". Em algum momento você chegará lá, motivando-se, não focando nas dificuldades do aprendizado, mas sim na glória de aprender um novo idioma e nas oportunidades que terá quando estiver falando inglês fluente.

Quando falo da falta de persistência para colocar um projeto em prática, não me refiro apenas aos estudos, mas literalmente em tudo na vida: nos negócios, nos relacionamentos, na leitura de um livro. Então, se diferencie dessa grande massa que não tem objetivos na vida, que vivem à deriva, esperando por algo bom acontecer sem o mínimo de esforço. Pense fora da caixa, e com toda certeza obterá resultados vitoriosos.

Perseverança é tudo! Visão de túnel sempre!

16. A TEORIA DA ESCALADA DA MONTANHA

*"O estudo do inglês é um longo processo que
requer muita persistência."*

Durante a minha carreira como professor de inglês, criei a Teoria da Escalada da Montanha e a defino como o processo do aprendizado do inglês.

Imagine os seus estudos como se estivesse escalando uma montanha. Durante essa escalada, é necessário ter certa constância, foco e perseverança, pois, cada vez que desiste e para de estudar, você irá voltar para o pé da montanha novamente.

Imagine que você não pode parar durante a escalada em um ponto e ficar ali para sempre, pois não terá apoio algum naquele ponto. Você certamente terá que descer e desistir da escalada por um tempo até que tente mais uma vez a subida em algum outro momento que julgue necessário. Observe que existe um ponto na subida dessa montanha em que você poderá até dar uma descansada por um tempo, pois ali você terá uma plataforma, um suporte para te segurar e te apoiar, e mesmo que você decida fazer essa parada, não retrocederá, não precisará descer até o pé da montanha novamente.

Dali você poderá descansar e observar o quanto já caminhou e conquistou com os próprios esforços. Neste ponto, fazendo uma analogia com seu curso de inglês, mesmo que não continue seu curso por um tempo, você pode considerar de certa forma que já aprendeu inglês, pois já consegue se comunicar no idioma.

Compare a andar de Bicicleta. Uma vez que se aprende, nunca mais se esquece. Você pode ficar anos sem andar de bicicleta, mas com toda certeza, quando você voltar a andar, conseguirá com certa dificuldade, é verdade, no entanto voltará a andar. No caso do inglês, ocorre a mesma situação, você pode ter um pouco de dificuldade para voltar a falar, mas, com um pouco de prática, falará novamente.

Qual a lição que tiramos dessa teoria? O estudo do inglês é um longo processo que requer muita persistência, e o ideal é que você comece um curso e vá até o fim dele, mas se por acaso precisar dar um tempo, que o faça em um ponto dos estudos no qual quando retornar não precise voltar ao início, pois você já terá um aprendizado do idioma consolidado. Então, faça o máximo para ir até o topo dessa montanha, mas, se durante a escalada surgir algum imprevisto, certifique-se de chegar nesse ponto da "montanha", e assim que ganhar um fôlego continue até o topo dela, onde poucos conseguem chegar.

Que fique bem claro que o estudo do inglês, de certa forma, nunca terá fim, pois você nunca saberá tudo e terá sempre que estar se atualizando, assim como adquirindo mais vocabulários, a fim de que possa melhorar cada dia mais o seu conhecimento no idioma, bem como melhorar a sua fluência.

Eu mesmo, como professor, aprendo a cada dia, e estudo inglês ininterruptamente por mais de trinta anos. Inicialmente, você aprenderá o "feijão com arroz", o básico para se comunicar, mas com a continuidade dos estudos você evoluirá cada dia mais e mais.

Então, a dica que dou é: siga em frente até sentir que de certa forma atingiu alguma fluência e depois continue estudando para melhorar cada vez mais o seu inglês. Você mesmo perceberá quando atingir esse ponto da "montanha" e entenderá exatamente o que estou falando.

17. PESSOAS TÓXICAS

"Quando você decidir estudar inglês ou iniciar um curso, não conte nada a ninguém."

Talvez você nunca tenha pensado nisso, mas existem esses tipos de pessoas em toda parte, e é de extrema importância que você as identifique em sua vida e mantenha distância delas. Essas pessoas podem ser amigos, colegas de trabalho, ou até mesmo parentes. Esse tipo de pessoa é negativo e infelizmente não agrega nada em nossas vidas, muito pelo contrário, ainda atrapalham, pois não almejam nada na vida, e não querem que ninguém ao seu redor alcance também.

O fato é que, se você consegue sair desse círculo de pessoas acomodadas, e passa a pensar fora da caixinha e a se destacar, você já chama atenção de alguma forma, e acaba as incomodando. Algumas dessas pessoas, inclusive, passam a ver você como uma ameaça e tentam desmotivá-lo, uma vez que se você consegue atingir seu objetivo deixará evidente a incompetência delas. E isso elas não querem de forma alguma.

Dessa maneira, quando decidir estudar inglês ou iniciar um curso, não conte nada a ninguém. Simplesmente mantenha segredo, tome a decisão e avance para o seu objetivo, pois isso só interessa a você. Deixe que futuramente seu sucesso faça barulho por você.

Quando você espalha para os quatro cantos o que está fazendo ou planejando, os "amigos tóxicos" farão de tudo para desmotivá-lo, dizendo que não valerá a pena estudar, que não é necessário, que este ou aquele método não funciona, ou que perderá tempo. Tampe seus ouvidos para essas pessoas e siga em frente sem olhar para trás e você conseguirá atingir seu objetivo com toda certeza. Queridos, o prazer de ouvir as pessoas perguntarem futuramente como você conseguiu, ou que sabiam que você conseguiria, não tem preço.

Por fim, deixo a dica para que se junte às pessoas que têm o mesmo objetivo que o seu: busque fóruns de estudantes de inglês nas redes sociais, faça grupo de estudos com seus colegas de classe, pois isso o ajudará a se manter motivado nessa caminhada difícil, mas que valerá a pena. Creia nisso!

18. TIRANDO PROVEITO DAS EXPERIÊNCIAS NEGATIVAS

"A língua inglesa é relativamente fácil, difícil é o processo para aprendê-la."

O aprendizado do inglês não é uma tarefa fácil. Você precisa se manter motivado durante todo o processo. Costumo dizer aos meus alunos que a língua inglesa é relativamente fácil, difícil é o processo para aprendê-la.

Sendo assim, eu tenho uma dica infalível para que você possa se manter motivado durante essa caminhada, qual seja trazer à lembrança todos os constrangimentos e perdas de oportunidades que passou por não saber inglês. A verdade é que toda batalha começa dentro de nós mesmos, e uma vez que conseguimos vencer essas batalhas internas, conseguiremos atingir o que quisermos na vida.

Nos Estados Unidos, é muito comum imigrantes não falarem inglês fluentemente e alguns sabem apenas o básico para se comunicar. Em alguns casos, essas pessoas simplesmente se acomodaram em suas comunidades por não precisarem falar o idioma nativo, outras já acham que é impossível aprender, seja por pensarem que estão velhos demais para aprender ou por acharem que não conseguirão.

Se um desses é o seu caso, quando pensar em desistir traga à memória tudo que você já passou por não saber inglês, os micos que pagou até hoje, as oportunidades que perdeu e que não voltam mais, as amizades e os amores que deixou de ter. É isso que precisa ter em mente toda a vez que estiver fraco ou pensando em iniciar um curso.

Nos casos de pessoas que ainda moram no Brasil, relembre situações em que você perdeu grandes oportunidades de trabalho em grandes empresas no Brasil ou até mesmo no exterior pela falta da língua. Assim, você se manterá motivado nos momentos de maior dificuldade e certamente atingirá sua meta.

A grande verdade é que nunca saberemos quando uma oportunidade pode bater à nossa porta. Desta maneira, a melhor atitude é se preparar para quando ela chegar, pois o sentimento de fracasso por uma oportunidade perdida definitivamente não é bom. Vamos lá, bola para a frente!

19. TIRANDO PROVEITO DAS SITUAÇÕES POSITIVAS

"Entendo que os sentimentos bons dentro de nós atraem coisas positivas, melhoram nossa energia e nos levam a nosso objetivo."

Existem pessoas que se motivam melhor pensando nos problemas que passaram por não saber o inglês, enquanto outras são mais motivadas pelas oportunidades e possibilidades futuras que terão aprendendo um novo idioma.

Acredito que ambas as técnicas funcionam, pois somos seres distintos uns dos outros, e o que funciona para um pode não funcionar para o outro. Eu mesmo prefiro pensar nas coisas positivas e boas que viverei quando atingir meu tão sonhado objetivo, nas coisas que poderei adquirir e viver, na liberdade ao conseguir chegar lá. Mas também não posso negar que as situações negativas em minha vida me deram um grande empurrão em minhas conquistas.

Entendo que os sentimentos bons dentro de nós atraem coisas positivas, melhoram nossa energia e, consequentemente, nos levam ao nosso objetivo sem maiores dificuldades. Mantendo-nos com esse nível de energia positiva, com certeza atrairemos pessoas com os mesmos objetivos que os nossos e que podem, inclusive, nos ajudar a atingir nossas metas.

Portanto, nesta árdua caminhada de aprender um novo idioma, o melhor é fazer as coisas com alegria. Mesmo cansado, busque esse sentimento dentro de você, pois ele só irá ajudar. Lembre-se mais uma vez de que o inglês é fácil, difícil é a caminhada, então por que não fazê-la com alegria e dedicação? Creia nisso e tenho certeza de que essa dica ajudará muito o seu projeto. Sucesso!

20. APRENDER INGLÊS PARA QUÊ?

"Os bens materiais podem acabar um dia, mas nunca o conhecimento."

Meu querido leitor, existem vários motivos pelos quais uma pessoa deseja aprender inglês. Pode ser para já estar preparado para uma oportunidade de trabalho; ou então para estudar ou trabalhar no exterior; algumas pessoas simplesmente estudam um novo idioma para viajar pelo mundo, ou até mesmo por questões culturais. Estudar e aprender um idioma não faz mal a ninguém, pelo contrário, a torna mais capacitada, antenada e interessante.

Assim, seja qual for o seu motivo, todos são admiráveis e louváveis. Então, descubra qual é o seu motivo e vá em frente, e só pare quando estiver fluente.

Muitos brasileiros que vivem nos Estados Unidos, por exemplo, não têm o mínimo interesse de aprender inglês, simplesmente porque vêm apenas para trabalhar, ganhar dinheiro e investir de volta no Brasil. Esquecem-se de que o dinheiro e os bens materiais podem acabar um dia, mas nunca o conhecimento. Isso ninguém nunca irá tirar deles.

Então, se pensa assim, reveja seus conceitos. O tempo passa muito rápido e conhecimento nunca é demais. Imagine-se, por exemplo, daqui a alguns anos, quando as pessoas perguntarem se você sabe inglês por ter vivido nos Estados Unidos. Tenho certeza de que essa não será uma situação nem um pouco agradável. Ainda há tempo, basta você querer!

21. O MELHOR MOMENTO PARA APRENDER INGLÊS

"A realidade é que todos nós temos tempo, o que precisamos é
definir nossas prioridades."

Você saberia me responder qual seria o melhor momento para se estudar inglês? Sem medo de errar, posso garantir que tal momento não existe. Ou você o cria, ou ele nunca chegará. A verdade é que, se esperarmos a melhor hora, nunca começaremos um curso. Quando nos tornamos adultos, estamos sempre ocupados e atribulados com nossas ocupações diárias, família etc. E, se de alguma forma não inserirmos o estudo em nosso dia a dia, nunca aprenderemos um novo idioma.

Muitas pessoas se boicotam durante toda a vida, dizendo a si mesmas que não têm tempo para isso ou aquilo, mas na verdade algumas delas apenas não pensam em melhorar. Estão acomodadas, ou preferem não sair de sua zona de conforto.

A dica que eu tenho para quem usa essas justificativas ou vivem arrumando desculpas é: façam uma avaliação de seu tempo e busquem quais ou quem são os ladrões de seu tempo. Avalie quanto tempo passa nas mídias sociais ou assistindo a filmes ou programas que em nada agregam ao seu crescimento pessoal e também observe as pessoas em seu convívio que vivem sugando sua energia. Seu tempo é valioso e deve ser investido em *você*. Entenda que não estou pedindo para que não ajude as pessoas, apenas filtre para identificar os "malas" em sua vida. A realidade é que todos nós temos tempo. Só precisamos definir nossas prioridades.

O próximo passo após encontrar o tempo que achava que não tinha é tomar a decisão de aprender inglês. Faça uma pesquisa sobre o melhor curso de idiomas disponível e se matricule imediatamente, e estude até o final, não pare até que se torne fluente. Lembre-se de que o segredo do inglês está na perseverança.

22. TUDO ACONTECE QUANDO VOCÊ DECIDE ESTUDAR INGLÊS

"Se você estiver seguro, firme em seu propósito, certamente não desistirá na primeira dificuldade."

Guarde bem esta informação: poucas pessoas desejam que você seja bem-sucedido na vida, que você cresça, que vença, que atinja seus objetivos.

A verdade é que toda vez que decidimos fazer algo para melhorar as nossas vidas, como, por exemplo, fazer um curso, buscar um novo emprego etc., tudo acontece para nos tirar da rota desse objetivo. Acredito fortemente em Deus e que, de certa forma, somos postos à prova para que nossa força de vontade e nosso real desejo de crescer sejam testados, para assegurar que não são "fogo de palha". Assim, se estiver Seguro e firme em seu propósito, certamente não desistirá na primeira dificuldade que encontrar pela frente. Acredite no que estou dizendo, já vi isso acontecer durante minha carreira de professor pelo menos uma centena de vezes.

Primeiro, tudo acontecerá para que não chegue à escola para fazer sua matricula. Se ainda assim você for perseverante e se matricular, terá dificuldades de chegar ao curso em seu primeiro dia de aula. Se conseguir chegar lá, todos os dias aparecerão eventos no mesmo horário para que não compareça às aulas. Por fim, você acabará desistindo e voltando ao círculo vicioso em que grande parte das pessoas está e se acomodará.

Seja perseverante, peça força a Deus, se mantenha firme e deixe bem claro para si mesmo e para os outros que você tem um compromisso com o seu curso naquele dia e horário. Assim, logo perceberá que "eles" deixarão você em paz, sejam "eles" pessoas ou forças estranhas, cada um entenda de acordo com sua crença.

Perceba que o início do seu curso não será fácil e levará um tempinho até que tudo se tranquilize, mas tudo se acalmará e você conseguirá atingir seu objetivo de aprender inglês.

Note que essa é uma informação valiosa na sua caminhada rumo ao conhecimento, então não abra mão dela. Fique atento e siga firme. Ninguém disse que seria fácil e tudo requer sacrifício, mas as noites mal dormidas, todos os churrascos e festas perdidos valerão a pena em prol de seus estudos. Creia nisso!

23. INGLÊS É UM IDIOMA FÁCIL?

"Mantenha-se firme em seu propósito e não deixe que as distrações o afastem de sua meta."

Sim, a língua inglesa é relativamente fácil. Costumo dizer que difícil é a caminhada para aprendê-la. Principalmente quando comparamos com o nosso idioma materno, o qual é um dos mais difíceis e complexos do mundo, uma vez que nós mesmos, nativos, com raras exceções, conseguimos dominá-lo com perfeição. Eu certamente não sou um deles. (Risos.)

Tenho certeza de que neste momento você deve estar discordando de mim. Mas, durante os seus estudos, você perceberá a simplicidade do inglês em vários pontos gramaticais, assim como nos tempos verbais.

Algo que também irá colaborar com seu aprendizado é que o inglês se tornou muito familiar a nós no Brasil, tendo em vista que nos acostumamos desde muito cedo a assistir a filmes e seriados americanos, escutar suas músicas, assim como a admirar sua cultura. Uma coisa é certa: existem diversos fatores que certamente ajudarão você a aprender esse fascinante idioma com mais facilidade. Na verdade, temos que agradecer a Deus por este ser o idioma mundial. Imagine se fosse o chinês? Com certeza estaríamos todos fritos. (Risos.)

Quando falo sobre a dificuldade da caminhada, me refiro aos problemas e lutas que terá que enfrentar até terminar os estudos para atingir a fluência. Esteja preparado porque não será um mar de rosas. O desânimo baterá em sua porta frequentemente, o cansaço chegará, os pensamentos negativos de que não está aprendendo com certeza aparecerão, mas o pior deles serão as pessoas que tentarão desanimá-lo(a) lançando palavras negativas ou tentando tirá-lo(a) da rota, chamando para festas, diversões etc. Mantenha-se firme em seu propósito e não deixe que as distrações o afastem de sua meta. Assim, posso garantir que ao final você entrará para o seleto grupo de brasileiros bilíngues, e a partir daí o céu será o limite para suas conquistas. Trust me!

24. APRENDER INGLÊS SOZINHO OU FAZER UM CURSO?

"Quando uma pessoa realmente tem o desejo de realizar algo, não existem obstáculos que possam impedi-la."

Se esta é a sua dúvida, posso afirmar que vai depender de cada um. Há pessoas focadas que não desistem por nada quando traçam a sua meta. Costumo dizer que, quando uma pessoa realmente tem o desejo de realizar algo, não existem obstáculos que possam impedi-la de chegar ao seu objetivo.

Existem os autodidatas que conseguem aprender qualquer coisa com uma facilidade incrível, mas essas pessoas são extremamente raras. Na minha opinião, apenas ser autodidata não é suficiente para atingir a fluência em um idioma. Acredito firmemente que é necessária certa dose de autodisciplina e constância, pois durante os estudos será preciso manter um horário e carga de estudos diários exatamente como um curso presencial, sem que tenha alguém para lembrá-lo ou cobrá-lo que terá que estudar. Além disso, essa será uma jornada solitária, sem companhia de pessoas com o mesmo objetivo a fim de mantê-lo motivado.

Na minha opinião, o aprendizado em um bom curso de inglês com um bom professor se torna muito mais eficiente para o aprendizado de uma nova língua, uma vez que o aluno receberá suporte e orientação necessários a fim de atingir o domínio do idioma com mais tranquilidade e rapidez. A realidade demonstra que grande parte das pessoas se adapta melhor a esta última forma de aprendizado. Todavia, seja qual for a forma que opte para estudar, tenha em mente que o principal será o desejo e a força de vontade que empregará em seus estudos.

25. CURSO ON-LINE OU PRESENCIAL?

"Se a pessoa não possuir perseverança e determinação, não importa de que forma ela irá estudar, não atingirá sua meta."

Depende. Sempre falo que os cursos on-line são o futuro, mesmo sabendo que muitos já estudam on-line. Vejo essa transição ocorrer como as vendas pela internet; cada vez mais pessoas estão comprando on-line sem receio de colocar as informações do cartão de crédito na rede e recebendo seus produtos no conforto de seus lares.

São várias as vantagens de se estudar on-line, como, por exemplo, a comodidade de poder estudar em qualquer lugar, no dia e horário que desejar. Mas esse tipo de estudo não funciona para qualquer pessoa, pois é preciso ter determinação, motivação e disciplina. Sendo assim, se você tem essas qualidades, ou pelo menos uma delas, pode estudar on-line. Basta querer.

No caso das aulas presenciais, estas são mais tradicionais e existem diversas vantagens, quais sejam:

Interação com colegas – Pessoas com o mesmo objetivo que você; isso o ajudará a se manter motivado. E pode ser um fator decisivo para que tenha sucesso em seu curso;

Professor em sala de aula – Você poderá tirar suas dúvidas em tempo real.

Bem, avalie com qual modalidade você mais se identifica e siga em frente. Lembre-se de que esse não será o fator determinante para que aprenda inglês, pois, se não tiver perseverança e determinação, não importa a forma, você não atingirá sua meta.

Vá em frente e não pare até que chegue ao seu objetivo!

26. MITOS SOBRE O APRENDIZADO DO INGLÊS

"Não existe idade para se aprender inglês; isso é uma mentira."

Existem muitos mitos sobre o aprendizado do inglês, às vezes perpetuados por pessoas que nem falam o idioma e que acabam contaminando outras pessoas que não estudam ou verificam se a informação é verdadeira. Vamos a alguns deles:

"Estou muito velho para isso" – Não existe idade para se aprender inglês. Isso é uma mentira. Já tive alunos de todas as idades, sendo uma delas com setenta anos, e está aprendendo. A idade está na cabeça de cada um, e a idade não é empecilho para nada, quanto mais para aprender um idioma. O que falta muitas vezes é vontade e disposição.

Só aprende inglês morando no exterior – Outra mentira. Tive muitos alunos e amigos que aprenderam inglês no Brasil e nunca viajaram para o exterior. Inclusive, tenho como exemplo um amigo meu que ainda tinha sotaque, o que geralmente se adquire morando fora. Isso numa época que nem sequer havia internet, sem quaisquer recursos. Imagina hoje com tantas ferramentas disponíveis. Outrossim, existem pessoas que vivem há anos no exterior e não conseguem manter uma simples conversação, comprovando que viver fora do Brasil pode ajudar no aprendizado, mas não é uma garantia de que terá um inglês fluente.

Só se aprende inglês pensando em inglês – Respeito colegas que tenham essa teoria, mas faço uma pergunta: como você pensará em um idioma que não conhece? Sendo assim, a minha opinião é de que a melhor forma de se aprender inglês é utilizando nosso próprio idioma materno como base para aprender o novo idioma.

Apenas se aprende inglês perfeitamente nascendo nos Estados Unidos – É um grande erro pensar que só se aprende inglês perfeitamente nascendo nos Estados Unidos. Até as pessoas que nasceram aqui, que não estudaram, falam errado. Quantos brasileiros não falam o português corretamente? A conclusão é que, mesmo não sendo nativo, mas se estudando o inglês, você falará o idioma mais corretamente do que as pessoas que estudaram aqui.

27. INGLÊS AINDA É O IDIOMA DO FUTURO?

"Saber inglês já não é mais um diferencial e sim uma obrigação."

Hoje tenho 46 anos e me lembro de todos falando sobre a importância de se falar inglês no futuro, uma vez que na minha época nem todos tinham acesso ao ensino de qualidade de um novo idioma, especialmente quem cresceu no subúrbio do Rio de Janeiro, como eu. Com o tempo, o futuro foi se desenhando e fui acompanhando o surgimento de mais escolas de inglês com mensalidades mais acessíveis, bem como o crescimento do interesse de jovens profissionais que buscavam intercâmbio, pós-graduação ou MBA no exterior.

Com o advento da internet e a globalização, o futuro chegou e o inglês de fato se tornou o idioma mais falado comercialmente no planeta. Hoje percebemos que saber inglês já não é mais um diferencial e sim uma obrigação, tendo em vista que atualmente os jovens já estão buscando o terceiro idioma; alguns já dominam ou estão estudando o espanhol, e outros já estão buscando o mandarim, por conta do crescimento da China no cenário internacional. A verdade é que o futuro chegou e quem não se preparou para a sua chegada terá problemas para se estabelecer no mercado. Mas pense que nunca é tarde para começar, basta você tomar a decisão de aprender inglês, ter foco e perseverança. Não espere nem mais um minuto, a hora é agora.

28. SONHO DE VIVER FORA DO BRASIL

"É difícil sair da zona de conforto, mas a força de um sonho deve ser muito mais forte do que qualquer barreira."

Muitos brasileiros sonham em um dia morar ou trabalhar fora do Brasil, mas se esquecem de uma questão principal para atingir esse objetivo, que é dominar o inglês, tendo em vista que ele é o idioma mais falado e entendido em todos os cantos deste planeta.

Sei que é muito difícil sair da zona de conforto, mas a força de um sonho deve ser muito mais forte do que qualquer barreira que possa existir para atingi-lo. Todos querem colher os frutos, mas ninguém quer pagar o preço. Não existe o caminho mais fácil ou um atalho nesse processo. Então, mãos à obra.

O maior erro de grande parte das pessoas é achar que um sonho muito grande não é possível de ser realizado, e por essa razão desistem sem ao menos tentar. Creia que nada é impossível, basta que você deseje isso verdadeiramente, se esforce, tenha fé e veja com os próprios olhos os milagres acontecerem. Não se preocupe em saber como ou de que forma seus projetos serão realizados, apenas faça a sua parte, aprenda o idioma do país onde você pretende viver ou trabalhar para que esteja pronto quando a oportunidade chegar. Nenhum gosto é mais amargo do que o de não ter pelo menos tentado.

Você pode não acreditar, mas quando tomamos uma decisão com todo nosso coração, Deus começa a nos guiar para essa direção, abrindo portas, conectando pessoas para que você alcance o seu objetivo. Você só precisa dar o primeiro passo. Não se esqueça de todos os dias, nesta caminhada, ser grato a Deus e se imaginar já vivendo o seu sonho no país que escolher para viver.

29. APLICANDO PARA O VISTO DE ESTUDANTE NOS ESTADOS UNIDOS

"Seja qual for seu plano de ação, é sempre importante
consultar um advogado."

O processo para aplicar para o visto de estudante nos Estados Unidos é um tanto complexo, mas com planejamento e perseverança é possível consegui-lo. A realidade é que a questão financeira pesará bastante nesse processo, tendo em vista que você terá que provar ao governo americano que tem a capacidade financeira de bancar seus estudos e sua estadia, bem como de seus familiares, caso eles o acompanhem durante o período do curso.

Uma opção para quem não possui condições financeiras para aplicar para esse visto é buscar um *sponsor* (patrocinador), para que este prove em seu lugar que pode provê-lo com o suporte financeiro durante o curso.

Além da parte financeira, é importante buscar uma boa escola nos Estados Unidos, que pode ser uma escola de inglês ou até mesmo uma universidade para uma pós-graduação em sua área. Algumas escolas, inclusive, oferecem estadia, e essa é uma boa opção de economia e praticidade.

Outra possibilidade a ser considerada é alugar um quarto por temporada em residências de brasileiros que moram nos Estados Unidos, haja vista que é algo comum por aqui, além de você possuir um suporte de pessoas que conhecem bem a cidade e podem te dar boas dicas.

Outro ponto a que se deve estar atento é que o visto F1 não permite que o estudante trabalhe, por isso todo o rigor do governo americano para que você prove que possui condições de se manter aqui. No entanto, como todos sabem, os brasileiros sempre dão um jeitinho onde quer que estejam.

É comum que alguns brasileiros venham passear e decidam ficar. Assim, fazem a troca de status aqui, mas, apesar de haver essa possibilidade, isso não é visto com bons olhos pelo governo dos Estados Unidos. Então, o ideal é que você já saia do Brasil com o visto de estudante todo certinho para não ter dor de cabeça e poder voltar ao seu país para passear e retornar a hora que quiser durante a validade do visto, possibilidade que não é permitida caso a troca de visto ocorra nos Estados Unidos.

Seja qual for seu plano de ação, é sempre importante consultar um advogado de imigração e uma empresa de intercâmbio, pois eles já conhecem o caminho das pedras, e economizar nessa fase de preparação e planejamento não é aconselhável. Sucesso e boa sorte!

CONCLUSÃO

Acredito que, após a leitura deste livro, será possível concluir que o aprendizado de um novo idioma depende única e exclusivamente da pessoa e não de fatores externos, tais como uma escola, um professor ou um determinado material didático.

Basta apenas um sonho, um desejo e a tomada de uma decisão para que a pessoa se torne fluente. Essa pessoa deve começar os estudos e parar apenas quando concluir o seu curso, sem olhar para trás ou para os lados, com a visão no alvo.

Entenda que não existe barganha, tampouco atalho nesse processo. Ou se leva a sério ou certamente fracassará. Então, se este livro de alguma forma mexeu com você, não perca mais tempo. A hora é agora. Vá em busca de seu sonho e, em breve, você viverá o sonho daqueles que não tiveram foco nem garra para pagar o preço do sucesso.

AGRADECIMENTOS

Primeiramente gostaria de agradecer a Deus por tudo que tem feito em minha vida, pois sem ele nada seria possível. Agradeço também meu pai Santino (*in memoriam*), por todos os ensinamentos nos dezoito anos que passou ao meu lado. A minha mãe Ana Lucia, que me deu a vida e sempre acreditou em mim. A minha esposa Viviane, que tem sido o alicerce de minhas conquistas. A meus filhos Thais, Douglas, Alexandre e Nicholas, pelo simples fato de existirem e me darem tantas alegrias. A minhas lindas irmãs Janaina e Luciana, e sobrinhos Christopher, Sophia e Olivia e, por fim, a meu paidrasto Joe, que foi a base da minha família depois da partida de meu pai.

CONVERSANDO COM O AUTOR

Espero que tenha gostado deste livro e tenha tirado bastante proveito. Caso queira algumas dicas sobre o aprendizado do inglês e como estudar no exterior, ou até mesmo estudar comigo através de meu método, fique à vontade para entrar em contato comigo pelo e-mail:

autor@globalamazonschool.com
Grande abraço em todos e fiquem com Deus!

Paulo Amazonas

Ouça este e milhares de outros livros na Ubook.
Conheça o app com o **voucher promocional de 30 dias**.

Para resgatar:
1. Acesse **ubook.com** e clique em **Planos** no menu superior.
2. Insira o código #ubk no campo **Voucher Promocional**.
3. Conclua o processo de assinatura.

Dúvidas? Envie um e-mail para contato@ubook.com

*

Acompanhe a Ubook nas redes sociais!
ubookapp   ubookapp   ubookapp